JN438323

자연에 뱉어버린 시

자연에 뱉어버린 시

정도경 제4시집

머릿속 기억력

내 머릿속 뇌에는 순간순간마다 오물 쓰레기들이 생긴다. 지금까지 무엇을 했을까? 기억을 잃어버린 것, 코 풀어 버린 것들의 휴지조각들이다. 조금만 움직이거나 지체되면 머릿속 기억이 흘리는 콧물을 풀어버린다. 나무나 꽃, 잎이나 색깔들의 보는 감각의 느낌들이 둔해져 기침을 한다. 꽃의 계절, 초록의 계절, 단풍의 계절, 하얗게 바랜 눈의 계절을 기침하면서 지낸다.

나이가 많아지면서 몸도 늙어 살결에 주름이 생기고, 생각에 사고력이 줄어들고, 눈이 침침해지고 귀가 어두워진다. 이 모두 다 머릿속 기억력 창고를 만들지 못해서 글자들을 저장하여 둘 데가 없다. 벌들이 밖의 꽃분을 수집해 와서 애기 밀방을 만들듯이, 밖에서 보고 듣고 느낀 것들의 글자 말들을 저장하지 못한다. 임시로 나의 뇌의 생각하는 방에 저장하다, 둔해지는 감각 기침에 휴지조각이 된다.

그래서 나는 요즘 시 작업이 둔해졌다. 몸도 예전 같이 건강하지 못한 이유도 있으나 나의 정신이 맑지 않다. 코 풀어 버린 휴지조각이 떠다니는 정신이 탁하다. 이런 와중에 몇 년부터 정신을 가다듬어 쓴 시들을 모아 정리했다. 사회적 힘든 저항을 받으면서 어린 시절부터 힘들게 살았다. 그럴 때마다 들과 산에서 꽃과 나무와 풀을 벗 삼았다. 이것이 기억에 저장되어 꽃, 나무, 색깔, 자연을 시는 노래한다.

저자의 이런 뜻을 이해하고 독자들께서는 시를 읽고 자연을 벗 삼으시기 바란다.

2015년 10월

정도경

제1부 봄에 밷어버린 시

제2부 여름에 뱉어버린 시

제3부 가을에 뱉어버린 시

제4부 겨울에 밷어버린 시

제5부 꽃에 밷어버린 시

제6부 바람에 밸어버린 시

제7부 이곳저곳에 뱉어버린 시

제1부

봄에 밸어버린 시

매화나무에 봄이 탄다

겨울 동안 매섭게 눈보라쳤다
망치질, 끌질 통증 쓰리도록 했다
깔끔하고 매끈하게 다듬어진 몸맵시
차가운 돌 성격 보드라워지고
사람들 대하는 태도도 따스웠다

냇가 버들강아지 털 고르는 날
빨래 여인의 막힌 가랑이 들추어
치맛자락 너풀대는 봄바람 흔적 보았다

매화 젖가슴 가리개 벗었다
아침 보슬비 받아 세수하고
생 머리카락 빗질했다
녹색 속눈썹 붙이고
빨간색 립스틱으로 입술 발랐다

창밖에 햇살 와서 눈짓 윙크하는 봄날
밝은 꽃무늬 원피스 입고
굽 높은 하이힐 구두 신고
겨울 동안 못 가본 햇볕 쪽으로 가볼까

지하 찜질방에서 아지랑이 불꽃 오르고
붉은 햇살 쏟아져 바람막이 창이 타고 있다

봄 뱀

햇볕 아지랑이 다리는
초록빛 풀 냄새

흙 냉찜질하고
햇빛 밖으로 나온 뱀

봄볕욕을 한다

누더기 허물 벗고
꽃뱀무늬 색동옷 입고

콧구멍 실룩실룩
혓바닥 날름날름

임 발자국 지워질까
수풀 속에 덫을 놓는다

검정 끈 풀린 봄

'김홍도의 구름 위 신선' 이 피리 분다
천년 소나무들 꿈틀대
나뭇가지 지렛대질 한다
허공 공간이 들썩대
구름바위 밑 천년을 들춘다

초록 보자기싸개
검정 끈이 풀린다

나무들 둘레 둘레를
'나 잡아봐라'
'네 머리칼 보인다'
수풀 속 간섭 풀린 발자국 뛴다

눈망울에 숨다
꽃망울에 숨다

빨강 노랑 하얀 꽃 색깔 보여
빨리 나와 잡아끄는
눈망울 가지 초록 이파리 눈동자

봄 아지랑이

서산 등마루 암자
햇빛, 햇살, 햇볕 자식들과 아버지
색깔 음식 차려놓고
어머니와 함께 저녁노을 만찬 즐기다
서산 넘어 어둠 밑 갈림길에서
아버지는 아랍 연수가셨다
어머니는 땅굴 찜질방에 드셨다
자식들 내일 생각에 잠자리 들고
창밖은 겨울 눈발이 끝일 때
새벽 동해바다 수평선 하늘 오르는 자식들
어머니는 '시베리아식' 냉탕 찜질했다
온천탕에서 때밀이, 때밀이
샤워장 샤워를 끝마치고
새 날개옷 기분 날듯 갈아입고
우유, 찐 계란 아침밥 대용으로 먹고
어머니는 땅굴 찜질방 계단 밖을 나왔다
아물아물거리는 허공 길 따라 오른다
햇빛, 햇살, 햇볕 자식들 만나러 간다

아궁이 봄

흙 부뚜막 아궁이 불 지피는 오지 늙은 부부
무쇠 문 열고 입 바람 후후 분다
활활 불붙는 마른 장작
안방 방바닥 냉기 가시고
따듯해 오는 방고래 구들장

손 발가락 절이던 체기 사라지고
몸 살갗 붉게 지져
추위 무서움과 두려움 달아난다

발그레지는 볼
미소 띠우는 입술
부부 눈길도 다정해져

두 다리 편안히 뻗으세요
뱃살 주물러 줄 테니
소변 대변 편안히 보세요

불똥 튀는 검은 연기, 회색 연기
밤새 굴뚝으로 나오고 있다

춘곤증

"연분홍 치마가 휘날리더라"
필 닐리리—징징—덩더쿵
"오늘도 옷고름 씹어가며"
진도 섬마을에서 "케이팝" 말 춤이 달린다
바다로 요란하게 울려 퍼지는 뱃고동 소리

독도는 자기네 땅
교과서 흔들며 외치는 "아베" 총리신고에
병원 응급차, 119 소방차
종로경찰서 광화문 사거리 지나 청와대로 국회로

이산상봉 금강산 면회장
폭설 235"센티미터" 내렸다는 북한 중앙방송
여자 아나운서의 칼날 목소리
판문점 남북한 고위급 회담
제설장비 지원하겠다
핵폭탄 미사일 없애라
탁자 마주 앉아 말 겨누는 눈총
예사롭지 않은 2월

아니 벌써
땡벌 윙—윙대는 할딱 고개

보슬비 내리는 거리 추억 눈물 젖어
봄내 풍경이 침묵하며 젖는데
자갈돌 부딪쳐 물거품 이는데
태평성대약사망대 “싸이렌” 낮잠 졸고 있다
물 흐름 조잘대는 소양강 여울 목소리

춘풍매화

길쭉한 날개
해맑은 눈동자
기름 바른 제비 몸매

연초록색 옷 입고
매화당 뜨락 찾아와
색깔 색 봄 말하는 춘풍

빨갛게 윤기 오르는 살결
앗 뜨거— 앗 뜨거
속옷 갈아입는 매화

옆구리 간질이다
발바닥 간질이다
속마음 간질이다

맨살 드러낸 임의 꽃말
색깔 색 말 냄새에
꽃잎치마 펼쳐 호들갑 떠는

기생의 색
기생의 피
기생의 넋

소양강 춘풍

궁둥이 살랑살랑 흔드는
살 고운 여인

마음 유혹하는 간지럼 때문에
가슴 쓰다듬는 손 애무

속살로 파고들다
한껏 로맨틱해지는 감정 때문에
닭살 돋는 피부

줄기는 푸릇푸릇 잎 오르고
색깔 꽃봉오리 붉히는 볼록 젖꼭지

햇살 밖 지그시 목 내밀어
임 오시나 기웃 얼굴 붉히고 있다

봄 나그네

국산 신형자동차 타고
눈얼음 고개 넘어오다

복수 꽃 아픈 사랑
첫 경험한 쓰라린 몸

마음 잡는 물바가지 편지
샘 우물 버들잎 띄워

산골처녀 치마 들추다
야생매화 낯 붉힌 안달 성화에

산수유 꽃망울 가지 잡아
젖꼭지 간질이며 노랗게 웃는다

봄 햇살 짐

눈구름 파서 뚫어놓은 허공 구멍
태양의 봄 햇살 짐
은하철도 화물 가득 싣고
양지능선 내려오는 꼬리 빛줄기

한강 물안개 자욱 서린
기적소리 바람결
나도 바람꽃
황금 빛깔 한 아름 받아 웃고

기차 시간 스쳐 지나가는 풀잎
나뭇가지 눈알마다
그리움 기다리던 손 호호 비벼
재빠르게 움트는 이파리 동작들

촘촘히 묶은 햇빛 끈 풀어놓고
더하고 빼고 곱하고 나누다
빗물 한 대접 마시는 눈망울
초록빛 생기 꿈이 푸르다

봄맞이 풍경

흰 저고리 검은 치마 할미새
궁둥이 꼬리 종종걸음 실룩인다

날개 치는 하늘 종달새
허한 가슴 애간장 끓고

바람 흔듦에 님 오시나
얼굴 붉히는 버들강아지

미니스커트 하이힐 차림의 봄바람
산골소녀 입술 바싹바싹 트이고

앙탈하던 매화꽃 활짝 옷 벗으니
잎망울 꽃망울 서로서로 낯 붉히고

두리번두리번 눈치 보던 마을 여인네
옷 치장 화장하고 장 보러 시장 간다

춘천의 봄 소리

진공청소기가 침묵을 빨아들인다
봄내 들 소리 굴뚝새 날아
마른 들에서 봄바람 타고
소리 새 지저귐 귀청 울린다

창문 밖 고개 내미는 잎 꽃망울 보고
소양강 버들강아지 멍멍 짖어대고
논밭 두엄 내는 농부
텃밭 가는 경운기 앵앵대는 소리

공지천 벚나무 줄줄이 서서
벌겋게 박수치는 손바닥 소리
잠 깬 소리소리 모여 들어
춘천번개시장 새벽장 보고 있다

쓴맛 단맛에 울고 웃는 소리
하얀 노랑 파랑 빨강 빛깔에
사고파는 흥정소리 색깔소리
울긋불긋 꽃피는 사람 얼굴 빛소리

실레마을의 봄

하루종일 금병산 쏘다니다
피곤이 실레마을에 왔다

밤 지새우도록 문풍지 울리는
몸 비비며 신음하는 바람

웅—웅 웅—웅
봄, 봄의 소설을 읽는다

점순이 기억 빠진 야생 꽃들
흐늘흐늘 꽃잎치마 치켜 편다

꽃술머리 중심부에 드러난
김유정 속내 마음
생강 냄새 누렇게 풍기고

쑥덕쑥덕 소문바람 불어불어
김유정 문학촌에는
남녀 젊은 사람들이 붐빈다

춘색화(春色花)

봄볕 따듯한 양지쪽에서
튼 뱃살 살살 마사지하다
색 단추 풀었다

밖 내다보던 푸른 눈망울
동여맨 절규 매듭 풀어
낮 붉히는 꽃봉오리—들

염색 물들인 진한 그리움
꽃술머리 감아올린 파마
님 생각 말아말아 속속들이

산들바람 줄기 정조 흔듦에
속살가림 옷 란제리 입고
빨간빛 꽃방 밤 문 열고 있다

보슬비의 봄

빗물 물기 적셔
창구멍 긁는 들고양이 눈동자

양은대야의 낙수 물방울
초침 돌리는 조바심
똑—똑—똑

검은 고무신 피곤을 댓돌 위 벗어놓고
푸른 꿈 마중 나간 툇마루 낮잠 속에서
맏며느리 출산 돕는 우리 어머니
꽃망울 새싹 안고 나와 웃는 날

아린 몸 차분히 가라앉히고
3대 독자 탄생 가문의 영광 그림 그리는
논밭두렁 연초록 색깔 칠하는 아버지
봄 발자국 소리로 아기 울음 달래고 있다

모정의 봄

벗은 양말짝 엄지발가락 삐져나왔다
어머니 양말 기우는 섣달그믐 밤
물구나무 거꾸로 선 구수한 옛이야기들
땅바닥에 쏟아져 내렸다

뜨겁게 녹아 물방울 내리는 어머니 눈물
자유 밑바닥 눈 얼음 검은 흙 녹이고

기쁠 때는 웃어보라네
매화꽃 활짝 피어나게
슬플 때는 울어보라네
풀 나무 초록 빛깔 잎 나오게

어머니 양말 이야기하는 뿌리줄기
가시꽃나무 살벌한 눈초리 바람에
관찰카메라 설치하는 골목 봄 햇살

호박덩굴의 꿈

가을 하늘로부터
단풍 색깔 엽서 받았다
꼭지 떨어지는 가랑잎

세상 삶이 힘들다
청 색깔 마음도 잃었다
외로움 서릿발 세우고
생명은 무서리 마신다

돌담 사다리 디딤 놓아주던
금빛 햇살 너머 넘어
강 건너 초록 꿈 나룻길

나를 떠나지 마요
나를 떠나지 마요
섹시 레이스(Sexy lace) 꿈꾸는
제비꽃 봄 찾는 호박덩굴 가시

봄꽃 웃음

오스트리아의 봄 영상을 보다
짜증 화를 내지 말자
갑갑함을 버리자
두려움을 없애자
방향 못 잡는 십자로 나의 외로움

기쁨이 뇌사상태일 때
참기름 들기름 고소한 냄새
유혹하는 시간 따라 인공호흡하면
바람이 가로막 바리케이트 치운다
풀 나무들이 친구가 된다
꽃들이 예쁜 꽃말을 한다
"나"를 돕는 자연봉사자들

갈증 날 때는 옹달샘 마시라 하고
지루할 때는 빗속을 걸으라 하고
빗방울 물방울의 피아노 연주 소리
자유와 낭만 노래 따라 부르라 하고

"너"를 알아보는 색깔을 찾다
"나"를 인식하는 정신이 들다
입 벌어지는 꽃 웃음을 웃는다

초록 빛깔 자동차

초록 빛깔 자동차 햇빛 싣고
숲으로 들어갔다

하늘 구멍 숭숭 뚫린 틈 사이
비집고 스며드는 초록 빛깔
어른어른대는 차 앞머리
보일락 말락 뒷자락 연기 안개

하룻밤 사이 내리는
봄비를 촉촉이 맞았다
눈망울 퉁퉁 부었다
숲 가지 줄기 윤기 흐른다

풀 나무 가지에서 오늘
자동차 경적 소리 들린다
눈썹 열리고 눈동자 밖으로
초록 빛깔 자동차 나온다

내 꿈속에서 본 초록 생명들이
푸른빛 희망 메시지 전달하고 있다
봄 오면 보이는 신기한 동작들이다

봄을 먹어보라 하고

성질 급한 나비 꽃망울 기지개 펴게 하고
달래와 냉이가 차린 밥상에
소리 소문 없이 봄이 내려 앉아
봄을 먹어보라 하고
꽃향기 바람이 상차림을 달짝지근 바꾼다

개구리 눈이 초록으로 물든다
얘깃거리 솔깃한 말[言]들 모이는 장터
사람들은 자식 키우듯 희망을 볕린다
발가벗은 냉이와 달래의 드러낸 몸 자랑
부지깽이나물, 표고버섯, 돌나물이 땅따먹기 할 때
돌미나리는 홀로 봄을 흥정하며 겨울옷 냉큼 벗는다

땅 일구고 삶 다독여 녹색 융단 까는 농부
상인들은 살림살이 분주해져도
1만 원 벌이가 힘겹다는 아리한 아우성치고
뻐꾹새 울 듯 내뱉는 말
"보릿고개 옛말에 허기진다"
상인들 훌쩍훌쩍 대는 콧물에 감기고 있다

봄꽃 화산

화산이 폭발한다
등성이마다 골짜기마다
꽃불이 번져 활활 탄다

꽃가루 잎 터트리는 봉우리 불
가신 임 무덤가엔 진달래 불꽃
"시루골" 동백나무엔 "점순이"
마음 태우는 알싸한 냄새 불꽃

우울하고 피로하고 답답한 침묵
참기 힘든 지각변동에서
화산대 녹이는 뜨거운 용암 액체

안쪽을 뒤집어 밖으로 보이 곱다
색 갈망하는 광기꽃술 불
분화구 흔적 뿌리마다 불 뿜고 있다

제2부

여름에 뱉어버린 시

굴 따먹기

어부의 그물에 붙잡혀
사내들 칼 끝에 벌리는 석화다리
모여 당하는 연쇄폭력
우윳빛 먹음직스런 속살
날것으로 훔쳐 먹는 게 으뜸인
스태미나 사랑의 묘약이다
노란 배추 속이나 파래 잎 싸서
붉은 고추장 듬뿍
눈 흘겨 가며 아귀아귀 먹는 맛
짭조름한 바다 냄새 짜르르 찰싹
남해바다 파도소리 들리고
서해바다 찔꺽 찔찔 뻘밭 우는 소리
코 천장 토옥 쏘는 칼칼한 생마늘
풋고추 초간장 찍어먹는
뽀얗고 물렁한 대여섯 잔털의 감촉
온몸에 고춧가루 양념 잘 밴다
맛 고소하고 얼얼해지는 미네랄덩어리
고기잡이 집 딸은 얼굴이 까맣고
굴집 딸 얼굴은 하얗고 부드럽다
바다가 물컹거리고 사랑이 살랑거리는
서도에는 꿈 사내들이 붐빈다

밤비

천둥 번개로 하늘 문 열고
구름 타고 은하수 쏟는 이

천국 사람
지옥 사람

집 화분 빗물 주고
만수무강
무병장수
선인장 꽃망울 터트려 주는

후평동으로 달리는 승용차 타고
밤으로 왔다 새벽으로 가는 이

빨간 앵두 1

님의 마지막 토한 피
빨간 빛깔 보고 울었소

안마당 모퉁이 언제나 서서
대문 걸린 사이 기웃댔소

그리운 사랑 찾는 긴 세월
해 보고 달 보던 설움 참으며

마음고락 알알이 줄 묶어
기다림 소망 숙성시켰소

이슬 맺힌 한숨 먹고 자란
빨간 빛깔 그리움 알갱이들

빗장 대문 열리면
익힌 정성 한 쟁반 담으리오

빨간 앵두 2

은은한 기초화장
청초한 모습으로 앉아

‘햇빛 거울아 날 좀 보소’
‘달빛 조명아 다시 시도하자’

바람의 촬영 앞에 클로즈업
댄스, 노래, 시는 메이저급
파워댄스, 라이브 목소리
뭇 사내들 넋을 빼놓고
홈페이지 남성들 검색 1위

햇볕 불꽃 얼굴 빨갛게 번지고
뜨거운 불덩이 입술을 부풀린다

살짝 열린 파란 잎 창틀에
초승달 외다리 걸쳐 놓고
샛별님과 밤새 눈웃음 짓다
품사랑 통하는 대문 검색하다
지새움 이슬에 새빨개진 눈망울

신록의 빗질

소양강 근린공원 벤치
딸의 머리 빗겨주는 어머니
헝클어트림이 가지런히 정리된다
대열 형태로 늘어서는 질서들
헝클어진 머리칼이 더러더러 빠진다
딸려 나오는 흰 비늘
괴로웠던 각질 일들의 가려움 빠져
어머니 손끝 빗질에 푸른 생기 나
질긴 모성의 끈 동여매지고
초록 빛깔 머리핀 이파리 꽂으면
이마 얼굴 면적 넓어진 딸
그늘 봉사활동이 활발해진다
지나가는 바람 허리 굽실굽실대고
족제비 폭염 울음 시달리는
산과 들이 머리 숙이고 모여든다
어머니와 딸의 초록 빗질을
사지 축축 늘어지도록 배우고 있다

흙 묻은 모래 알갱이

한 발자국 밟고 오르내리는
원룸 층계단 한 구석진 자리
허전함 또는 음침함
밖을 돌아다니며 밟아드린
새로운 먼지 묻은 모래 알갱이들
후미진 구석빼기 모퉁이 쪼그리고
불편한 걱정의 어둠 쌓아 놓고
외톨이 겁을 움찔움찔거린다
인족으로 반질반질 닦인 대리석
통통 튀며 생애 한 번 인기척쯤 하다
오르는 사람 발길 차여
대리석과 대리석 틈새 콕 박혔다
주인 걸레로, 빗자루로, 꼬챙이로
후비고, 쑤시고, 쓸어도 죽은 듯이
눈 빤짝빤짝 정신 차려야 하는 틈새 자리
눈 비 걱정 없는 것만도 천만다행
대리석 티눈 가시 비좁은 아픔 따끔대도
천년바위 묵직한 내력으로 참고 있다

연못

하늘과 땅선 맞닿은 경계수면
스산한 침묵 이빨 깨물고
바람 불도저 미는 물결 파문
가끔씩 몰려오고 밀려가고

레이더 전파 잡는 물밑 바닥
어느 소리의 간절한 흐느낌
스위치 껐다 켰다
찰싹찰싹 반짝이는 너울 은파

노을 색깔 안경 쓴 저녁
초승달 전파에 잡히는
푸나무들 암호 치는 돌 소리

고요 삼킨 물고기들의 허구 트림
물방울의 동그라미 띄워
찾아야 할 메아리소리 보낸다

물방울 굴렁쇠

조약돌 세수 씻기는 냇물
물방울 굴렁쇠 굴린다
토사(土砂) 때 쌓은 모랫자루 터져
푸른 물결 출렁이며 흘러나온다
햇살 물안개 퍼지고
한 마리 다람쥐 우는 숲
목소리 손질하는 소리쟁이
거문고 가야금 소리 들리고
목 길쭉 빼올린 꽃망울들
하양, 노랑, 빨강색 치마 펴서
사타구니 꽃술 분 바른다
사방 퍼지는 물비린내
사람 옷맵시 화사해지고, 말씨마다
물방울 굴렁쇠 굴리는 청춘 남녀들
매끄럽고, 윤기 나고, 아름다운
색깔 무지개다리 놓는다
악수한다, 그러안는다, 입 맞춘다
내 몸속 색깔 은파 출렁인다

몸 풀리는 흙덩어리

겨우내 얼음살 굳은 흙덩어리
양지마을 햇볕 찜질방 다닌다
냉온탕에서 때 빼고 땀 낸다
살결 촉촉 좋아진 살갗
갇혔던 긴장이 풀려버린다

'미네랄' 살아나
신비스러운 마사지 강의하다
쓸모 있는 흙이다 바람 소문 자자하다

따스운 시절 수채 통로 놓고
색깔 알갱이 고르는 금모래 빛깔들
'양귀비' 생김새 찾는 보석들

흙 모래 비료 섞어 사는 동안
시 소설 쓰고 임 유행노래 부르며
하늘 구름 섞어 수공예 도자기 빚는다
사기조각 쌓인 너저분한 뒤란 빈터
색깔 알갱이 점심밥을 끓이고 있다

헹구어 놓은 허공

때 빨고 색 빼고
널어 말리는 공기
길을 빨아 없앤

보는 힘 느끼는 힘
헹구어 놓은 거다
구긴 속 버린 거다
대문 뜯고 담 헐고 문패를 뗀 거다
복판뭉침
짜증과 조바심 들어가 빠짐을 가로막았다
고칠 힘 다 써버린 지 오래
합판 현관 복도도 다 삭았음
검어보지 못한 방구석 사람 냄새
더 이상 필요치 않다는 듯
없음의 윤곽만 보인다는 듯
모습 없는 바람 움직임만 돌고 있다
시간제 일당제 일자리로
게걸 게걸스런 뒷전 구름 떼들
뭉쳐다니는 오늘의 태평성대 하늘

노을빛

천년이나 만년이나 감춰둔 웃음
내외하며
얼굴 돌리며
서로 웃던 바위 웃음

문 없어도 시끄러움 하나 없는
나무숲 산골짝
나뭇잎들 쩡쩡대는 소리

붉은 노을 온몸에 튀긴
몸 버린 구절초 애타는 요청에
건너 산이 강나루 건너온다

허기진 배를 감아쥔 저녁별
산촌마을 서성이며 주인 찾는
"하룻밤 묵어 갈까요"
몸 가누지 못하는 부스러기 무게
도붓짐 짊어지고
자식 별들이 사립문 두드리고 있다

소낙비구름의 버릇

소낙비 줄기가 달려들어
한참을 요동쳤다
땅바닥에서

검은 구름 빗방울 물방울 후둑인 자욱들
예쁘던 화분 밑이 지저분하다
되고 말고식 흙탕물
어지럼증 어머니 장항아리도 흙물 튀겨 얼룩졌다

빈 항아리엔 빗물이 흥건했다
낮엔 햇덩일 담고
밤엔 벙어리 달님만 그러안고 운다
속 훑는 쓰린 바람결에 운다

누가 보았어야 말을 할 수 있지
누가 알기나 해야 앞가슴 쓸어줄 수 있지
파란 하늘 흰구름만 흘러가고
날마다 불티나는 자궁만 운다

제3부

가을에 밷어버린 시

하늘이 멍드니

불만을 터트렸다
냉랭해진 가을
던진 돌에 맞아 멍든 하늘

코피 나는 '코스모스' 꽃
줄줄 피 흘리는 단풍나무
떠들썩 수군대는 갈나무들

시퍼런 달빛 쏘는 눈빛에
움츠리는 자존심들
앞대문 걸린 줄 모르고
두드리다— 흔들다
유리문에 손톱자국 서리 생기고

머리 꼭대기 흰 손수건 달아
허리 굽실대는 바람 갈대 보고
모퉁이 백색 국화
큰 웃음 짙은 향기 풍기니
잎 푸른 소나무
검푸른 휘파람 목청 높이네

터진 가을

단풍 떨구고 앗긴 열매
샃가지 틈새로 떨어져
이웃들 떠나 허공거리 둔다
사이좋게 지내던
도토리 한 톨 발밑으로 구른다

닭살소름 돋는 가을
어스름 달무리 속 싸락눈 내려
찬바람 매를 맞는다
부르튼 종아리 살갗 터진다
송진 찐득거리며 흐른다

핏물 엳고 바른다
하루하루 아물어가는
겨울 딱지

염색물 들이는 단풍잎

단풍이 물든다
염색집 아주머니 풀물 들이는 헝겊
빨랫줄에 탁탁 털어 물기를 말린다
여름으로 얼룩진 길 없앤
하얗게 지워지는 열기 또는 열정
현세의 자신을 종지부 찍는
음식물 찌꺼기 쓰레기통에 버린 거다
무슨 색깔일까?
노랗고 빨갛고 본심이 흑갈색 물들어
가슴으로 만나면서 지키지 못한
양심이 들고 나온 파란 수건과 치약 칫솔
충치 먹은 말 빠트리는 시큰거림의 아픔
허풍에 흔들리는 이빨의 시간들
냄새와 색깔들이 공존하는 평등 이루다
세월의 지갑 빠트렸으므로
회생하여 파랗게 못 살겠다는 듯이
서리 내리는 밤
담요 돌돌 말은 배낭에
껍질 전투복을 지급받고 있다
갈색 계절의 나무들은…
고개 숙이는 풀들은…

가을 백서

으박 질린 달
서릿김 하늘소금 뿌렸다
콧대 꺾인 줄기꼭지
나뭇잎들 단풍 든다

땅으로 내려앉는 낮은 자세여
그대들 고운 색깔에 감탄한다

품 안 찬 바람 스미는 허전함
나 고운 빛깔 물들일 수 있을까?

밤 동안 무릎 꿇고 빌다
겨울 독감에 콜록—콜록

가을

어둑어둑 서산에
나뭇가지 얼기설기 횃대 엮는 햇살
곡식 씨알 쭉정이 체질하는 어머니
골라낸다
손으로 뒤척거리며 고른다
낯빛 붉어진 알갱이들 쭈글쭈글한
생이 고단해 눈물 흘리고
땅바닥으로 낙하하는 낙엽들
차가워서 서걱거리는
햇살의 사후세계 소리 듣고
소름 끼치는 새벽바람
유리 창문 서릿발 세우고
들국화의 아픈 사랑
짙은 색깔 유난히 돋보이는 날
빨간 햇살 먹은 홍시
대 광주리에 다 모아 담아
열기 재운 선반 항아리 깊이 넣는
어머니 뒷모습에
싸늘한 쥐 그림자 따라다닌다

가을 산야의 최후 만찬

검푸른 잎 빛깔로 저장시킨 말
훌훌 털어내
하얀 여백 줄기만 남기고 싶다

울긋불긋 불꽃 피운 푸나무들
단풍 기름 뿌려
햇빛 물들인 색깔들 태우고 있다

선비 송진 냄새 나는 검불솔잎
산모란은 귀부인 분 향기 나고
싸리나무는 구수한 서민 땀 냄새

검불고추장찌개, 줄기된장국
열매청국장, 가랑잎시루떡 찜
한식 만찬 야외 음식 장만했다

다람쥐, 들쥐, 불러 음식 나눔 돌리고
새들 초대하고
관광객 업소엔 이파리 바람 엽서 띄웠다

아파트 지역 벗어나 산야로
답답하신 분 우울하신 분
허기진 분 모두 불렀다

홀씨

깃털 날개 달고 훨훨
나 어디 가서 살까

눈높이 안경 쓰고
가깝게 멀게
낮게도 높게도 살핍니다

살아가는 세상 속
숲 우거진 밀림을
물 메마른 갈증 사막을,

너와 나의 간격 거리
풀잎에서 올려다보고
나무순에서 내려다보고,

점 하나의 머무름 땅
점 하나의 초아 삶 뿌리
짐 보따리 풀어놓을 자리를

마른 갈잎

가을바람이 줄기를 흔든다
꼭지 잡은 푸른 잎들
며칠 동안 붉은 각혈 쏟아
오늘은 낙엽으로 떨어진다

쌔그락 쌔그락 숨찬 숨소리
써그럭 써그럭 목멘 울음소리

밥 굶고 야위어 이리저리 뒹굴다
품 안 이파리 웅크리고 흙구덩이 빠졌다
노숙생활로 몸은 물기 바싹 마르고
돌돌 멍석 말은 사지
뼈대 보이는 흑갈색으로 변했다

노숙자들은 쑤군댄다
빈곤자들은 쑥덕댄다

써그럭대는 이야기들을 품 안 품고
행인들 길모퉁이서 뒹굴고 있다
때론 조각으로 부서지면서
때론 미화원 쓰레기로 쓸려 가면서
너의 말 이야기들을 가슴 품고 있다

천고계절(天高季節)

말썽쟁이 여름 햇볕 아랍으로 보내고
새털무늬 고려청자 굽는 하늘
어깨 으스대며 콧대가 높아졌다

먹구름 대하는 쌀쌀한 냉대에
풀 나무들 코끝 빨개져
붉으락푸르락한 얼굴 표정들

푸른 잎 순마다 맺혔던 땀방울
찬 서릿바람에
흰 소름 돋아 부스럭대는 소리
사지마저 굳어버려
입은 색동옷이 찢어진다
조각조각 낙엽으로 떨어진다
허허한 공간은 구멍 나
너와 나 친구의 거리도 멀어진다

시베리아 고속바람 길까지 내면서
낙엽바람은 줄기 옷 발가벗겨
밤거리 찹쌀떡 장사 내세우고 있다

제4부

겨울에 뱉어버린 시

야별곡(夜別曲)

산더미 쌓인 어둠 밑으로
깊이깊이 스며드는 밤

냇물 건너 미지 숲속엔
베짱이 한 마리 통곡을 하네

어미야 어디를 갔나
아비야 어디에 있나

찡그린 구름 끌어안고
눈꺼풀 어스름 뜬 초승달

황색 가로등 껌뻑껌뻑
4차로 신호등 차는 끊겨

꿈 잃은 하얀 머리 인생
뒤안길 목적 찾아 서성이네

토굴저장

부엌 뜰 앞
햇볕 쪽 텃밭을 팠다

가을 천장 하늘 구멍 내고
새털구름 장판 깔았다
배부른 임신 씨앗들
고구마, 감자, 무, 토란
겨울나기 잠자리방이다

붉은 적도 하늘창을 달았다
마야산* 햇빛이 비친다
층계 꼭대기의 제단이 보인다
달려온 콘도르 햇빛
갈무리 임신 씨앗 빼간다

겨우 내내 하나씩 하나씩…

* 마야산 : 중앙아메리카의 마야족이 살던 천문(天文)과 역법이 새겨져 있는 산.

눈송이 지우개

눈이 온다, 왜 올까
시집 읽다, 창밖 본다
깍지 벗긴 검은 논밭
아버지 땀방울 낱알 흘린
패인 고랑들 하얗게 지운다

집도, 길도, 담장 쌓은 이웃집
용마루 덧댄 '수복(壽福)' 기왓장 없애고
하늘 말씀 펼쳐놓는다

혼잣말로 궁금증 더할 때쯤
장돌뱅이 물건 파는 바퀴소리
산울림 색시 태워 보내고
나는 조용히 창문을 닫는다

저녁 굴뚝 연기 빗어올리자
그림자들 떠나면서
귀머거리 안개 베고 잠든 마을
하늘 솜이불 덮어주고
문살 어스름이 넘는 눈썹 그믐달
꽃망울 이불 속 숨어든 밤
자국 남긴 그늘 하얗게 지운다
새벽 푸른 이끼 문이 꿈틀댄다

눈송이 타령

흰 천, 파란 천 하늘 널다
회색 문 닫은 대낮 오후
솜조각 수없이 날린다
삼악산, 소양강에 내려 쌓고
푸나무마다 솜옷 입힌다
바람 흔들림만으론 알 수 없는
눈에 보이지 않는 신의 손짓들

대청마루 낮잠 곤히 재우던 꿈
마을 풍경과 흐르는 강변 모습
떠난 임 외로움 만나 헤매던
허허벌판 가로등길
낭떠러지 떠남 바위
안개 솜이불 덮은 하늘 풍경
햇빛 타고 인사 없이 가버리는
눈에 보이지 않는 신의 손짓

설야(雪夜)

문고리 바람 흔드며
밤 허리 높이 벽높 쌓으며
하늘의 흰 눈이 내린다

빨간 립스틱 입술 바르고
좋은 향수 뿌린 그리움
임 되어 옷을 벗는다

백옥 같은 나체에 미움 뺏는 웃음
사랑 장작불 피우고
포근하게 동침을 한다

밤 눈송이 흰 솜이불 덮고
인간 옷을 벗은 나체의 나
하늘빛 사랑 황홀한 오르가슴에
수치심 다 뺀 본심 사랑 팔베개 괸다

그믐달

마음 답답해서 어둠 밖 나와
그리움 품 안고 하늘 잠들다

자꾸 움츠려 드는 등

기다리다 지치나
물방울 뭇 별들 발길로 채여나

나 그리움에 떨어진 몇 방울
임 얼굴 눈동자 속 담고 있다

제5부

꽃에 뱉어버린 시

님 무덤의 동백꽃

김유정 영혼이 꽃술 맺어
점순이 그리움 꽃피었다

햇빛 찌든 누런 저고리 치마
영원히 변치 않을

금병산 나들이 사랑
님의 행복 찾다—찾다

알몸 드러낸 점순이 꽃술
익은 씨앗 남기고 싶다

해마다 차례 상 차려 비는
우리 님 무덤의 동백꽃

초롱꽃

어두우면
나 찾지 못할 것 같아
초롱 등불 켰지요

눈물 많이 흘리면서
심은 속심지
그리움 태우지요

기척 한번 해 주오
님아
어둠 귀 귀걸이 흔들리게

양지골 진달래꽃

가슴 부푼 젖꼭지 봉오리
벌 나비 바람
지나면서 방귀를 뀌었다

얼굴이 홍당무 되어
문밖 뛰어나와
웃음 활짝 웃었다

몸짓 손짓 흔들며
나 여기 있음을 알렸다

꽃 디자인 새로 한
꽃다운 처녀임을

꽃 상 1

치마 걷어 올렸다
빨건 정강이 드러나고
속속들이
아침 낮에는 뜨거운 우유팩
저녁 밤에는 달, 별, 빛 이슬 즙
맛사지—맛사지 하는 살결

고와라
고와라

검은 흙속에서 사람 눈 피해
초록색 생명 줄기 올려
허공 속 미로 하늘 독재자
비바람 참아낸 뜻

모두 웃어라
모두 기뻐라

너도나도 꽃술 속 아름다움
묶어놓은 꽃봉오리 풀어
꽃잎 문 활짝 열어라

마음 색깔 보여라
살결 향기 풍겨라

상사화 꽃망울

그리움 두께를 뚫고
소식이 나왔다

나는 임을
빨갛게 사랑하오

꽃잎 겹겹이 포개
둥글게—둥글게 엮은 내력

발신 문자 보내놓고
수신 문자 기다리고

자줏빛 연이파리 받쳐 든
빨간 빛깔 꽃망울

해와 달과 별빛 등불에
충혈된 눈동자 퉁퉁 부었다

국화꽃의 말

농 서랍 토시 꺼내 끼고 장화를 신고
무밭 김장 무 뽑는 농부
햇빛과 통하는 열쇠를 모두 열어놓은
저 부지런함 또는 근면함
너는 자신을 토해내는 거다
무슨 냄새였을까?
아니 그는 자신의 토양을 삼키는 거다
이번엔 무슨 냄새였을까?
토하고 또 먹고 냄새 맡는 동안 그는 국화꽃이 되었다
긴 세월 참고 한 자리 밭고랑 뒤집는 동안
슬픔과 고난이 삽을 들고 그를 위로하러 나왔다
방 모서리 곰팡이 낀 지는 오래
햇빛 보기로 돌아갈 기력을 잃었음으로
그는 모든 준비 마친 상태
다시 떨어지는 이파리가 안 되겠다는 듯이
무밭에서 허리 굽은 사람으로 다시 돌아가지 않겠다는 듯이
늦가을이 거느린 슬하
씨앗 한 봉지 들고 웃고 있다
계절 악수같이
축하 봉투같이

진달래꽃 숲

초등학생 성폭행 살해
금품 털다 반항한 주부 성폭행 살해
산속 시신 암매장 또 산속 시신 암매장
눈에 불 켠 현세의 쉬파리
구더기 까서 쓰레기 시신 먹다
악취 성호르몬 빨아먹다
지옥 영혼으로 쉬파리 되어 날았다
사랑의 원한, 정의 원한,
이산화탄소 가스 한숨 입김 내뿜다
속 끓이던 뻰드름한 회유 행동
백두산 태백산맥 지진 맨틀 어긋나
오천만 온도 용암 불꽃 폭발시킨다
캄캄한 눈망울 옛 임 분홍감정 빛
진달래 나무뿌리 줄기 타고 올라
군락지 군락지로 화산 불꽃 터트렸다
울긋불긋 펴지는 용화산 불꽃
그리운 홍역 울분 퍼트리고 있다

꽃망울 눈망울

남은 눈덩이들 사라진다
뒤쪽 창문 주방 넘어간
물기 질펀한 발자국

억눌림에 눌렸던 잎줄기
껍데기 털옷 벗고 윗몸 일으켜

휴식공간 화장실
2013년 벽 걸린 달력 앞에서
오줌 싼다
피아노 건반 치는 변기통
푸른 설사 똥물 사방 튀기고
앞쪽 창문 여는
지평선 오르는 햇빛 운세

따듯해진 기분
단추 터질 것 같아

꽃바람 연락선 때 맞춰서
남해고속도로 탔다
작년 색연필 밑줄 쳐 놓은
'색 예술가' 만나는 날

개꽃

얼굴 파래지도록 외쳤다
내 안경테 속으로 들어오라고

목 삐죽 빼 생머리카락 흔들었다
높낮이 속 빈 의자에 걸터앉아

촉촉 비를 맞는다
바람 빗방울 종 울린다

봄볕 옷고름 헤쳐
불어난 보름달 젖꼭지 물린다

뜨겁게 빠는 여름 햇볕
흰색 꽃 치마 활짝 펼치면

참꽃 속에 임은 머물고 있다
개꽃 속에 임의 말 빠지고 있다

쑥부쟁이, 들국화, 웃는 가을

화냈다 풀어졌다, 변덕쟁이 가을
가끔씩 감기 기침하는 가을
누런 은행잎 콧물방울 떨어트리는 가을
푸른 눈망울 붉은 멍자국 단풍나무 보살피다
밤 지새워 코 새빨개진, 가을 가을

넓은 정 나누며 살던 이웃들
싸늘하게 등 돌린 가을
열린 창문마저 닫은
오가던 발길까지 끊어놓은, 가을 가을

주인님 돌봄으로 빳빳이 자란 꽃이삭 벼
들판마다 고개 숙여 금알갱이 내놓는, 가을
콩깍지 달고 땀 흘리게 잡초 김매던 콩깨밭
땅속 묻은 땅콩 동전꾸러미 풀어놓는 가을
자수성가로 튼튼히 자란 돌각사리 쑥부쟁이
들국화 향기 웃음 따라 웃는, 가을 가을 가을

바늘옷 가시연꽃

산마을 숲골짝을 부는 산들바람 초록 스커트 잎치마 들춘다
새빨간이 얼굴 붉혀도, 샛노란이 얼굴 빛 꽃봉오리마저 흔들린다
바람 머릿길 취하도록, 발걸음 늪 빠지도록 달 숨은 연못 속으로 이사 간다
어머니 살결에 젖 냄새 나는 사랑이 싫어 바늘가시옷 입었다
시퍼런 눈 늑대바람 고개 내밀고 아리한 색깔로 입냄새 풍긴다

겨울 백합꽃

누가 내 봄을 불러주기 바란다
고요 속 들려오는 잔잔한 향내
섣달 끝자락 결 잡아
코끝 꽃가루 분 발라
하늘 우윳빛 살결에 바르고
어쩌다 외딴 모퉁이
샛바람 바이올린에 조바심 친다

양지 햇볕 불타는 불꽃으로
쌓인 사랑더미 사르면서
꽃술 불붙은 숯덩이 불꽃
오늘도 오시려나
십 리 밖 마중 나가 꽃나팔 분다

한 송이 눈꽃

내림내림으로 아름다운 몸매
우윳빛깔 몸매
마음 잡아끄는 분 냄새

절로 나오는 말
자기 사랑해
속다른 말씀 비우고
겉소리 조용히 귀담는

꽃술 정갈 향 담아
속찬 흔들바람 막아주고
눈웃음 지으며
소곳이 바라보는 내 님의 꽃

하얀 연꽃(白蓮花)

하얀 모시 적삼 모시 치마
살결 비친 우윳빛 순결이야

월경 쏟는 연방(蓮房) 속에
진정 왜놈 정자 받기 싫었다

내 영혼 물 밑 뿌리 진흙 속살아
하트 사랑 푸른 이파리
수면 위 넓게 넓게 펼쳤다

저녁 어둠에 대문 닫고
아침 햇살에 대문 열고

기다리는 내 임 그리움
임아— 나 보이나요

물 담 밖 까치발 고개 치켜들고
하얗게 변해온 꽃술 속내
오늘도 허공으로 활짝 드러냈다

낙화 벚꽃

뭇 꽃가지 사회에서 해고당한 꽃잎
봄을 관광하는 사람에게 밟힌다
남자의 넓적한 구두창에
여자의 뾰족한 구두창에
유심히 보니 뭉개져 압사한다
목숨이 끊어졌는데 죽음을 모르는지
여자들은 참새 웃음을 웃는다
남자들은 술잔을 들고 건배한다

갑자기 몰아치는 높새바람
폭우의 꽃비를 내린다

남자의 머리 어깨 다리에 달라붙는다
여자의 얼굴 가슴 치마에 들러붙는다
사람들은 즐거운 표정으로 탄성을 지른다
낙화는 거머리가 된다
낙화는 흡혈박쥐가 된다
사람 웃음 피 빨아 몸 색깔 퇴색된다

동백꽃

세상은 차갑고 추웠다
잎 떨어져 옷 헐었다
정강이 빈곤이 드러났다

얼음에 발 빠져 죽으려다
금빛 퍼트린 아침 해
핏줄기로 물 올려 살았다

이파리 두껍게 힘 쌓이고
따듯한 기운도 돌아
그대 부르는 꽃이 피었다

기분 좋게 너 웃기고
중심자리 향기 꽃술
너에게 빨간 분말[粉言]을 뿌렸다

아주 진한 색깔
아주 진실한 그리움
나의 외로움에 다 섞었다

제6부

바람에 뱉어버린 시

바람꽃 1

깔끔한 옷맵시
유행의 멋진 옷차림
초록 바람 부추기는 배려에
궁둥이 살랑대는 꽃가지

달밤 지새는 춤
입맞춤도 얼얼해
껍질 맨 옷고름 매듭 풀리고

흰 명주 꽃잎 치마 활짝 펴
꽃분 짙은 향기 냄새
님의 사랑인가
속내 꽃술 줄기 발기 드러냈다

바람꽃 2

따스한 날에
풀숲에서 옷을 벗습니다

겉옷을 벗고
꽃가지 흔들며
흘깃 주위도 살핍니다

살그미 미소 짓고
볼 빨갛게
속옷마저 홀랑 벗습니다

통통 드러난 젖가슴
소녀 같은
우윳빛 씻은 살결

바람골 샛바람 순간 숨어들어
와락 끌어안다
입맞춤하고 훌쩍 가버립니다

한동안 멍하니 넋 잃은
임 찾는 나
하늘 낮달만 쳐다봅니다

미니스커트 봄바람

화사하게 화장하는 여인
붉은 햇살립스틱 바른다

긴치마 촌스러울 것 같아
명동 산 미니스커트 입고

사내들의 더 벗겨보려는
치마 속 무인카메라 달고

꿈 먹고 사는 조개
초록 수초 물결 흔들다

사내들 쏘아보는 눈총세기
집중력 테스트하고 있다

도둑 바람

줄기를 흔들고
잎을 흔들고
너와 나의 사타구니 가지 흔들다

틈 사이 비집고 들어가
시원함 느끼게 하면서
색깔 통을 엎지르고
빛깔의 아름다움을 훔친다

지퍼 열린 꽃잎자락 들추어
지갑 돈 빼내서
가면 감추고 쏘다니다
여인 속 깊은 마음까지 훔친다

여름바람 골

온종일
산으로 들로 쏘다니다
마음 정하고 골 훑는다

땀 냄새 풍기면서 밤새도록
서로 손잡고 어울리는 숲

슬로우—퀴킥 슬로우—퀴킥
왈츠의 춤을 춘다

야생 잎들 욕망에 빠져
펼치는 치마 벗는 사랑

성장부에 왕성한 성욕
줄기잎마다 검푸르다

가을바람 곧

온종일
산으로 들로 구경 다니다
보고 싶은 곧 훑는다

아침까지 가곡 부르다
서로의 목청을 자랑하는 숲

쿵—자작 쿵—쿵 자작
예술의 춤을 춘다

야생 씨앗들 익음에 빠져
자기 색깔 뽐낸다

심장부에 남겨진 혈흔
어머니 붉은 피가 묻었다

겨울바람 골

온종일
산으로 들로 헤매다
허허한 골 훑는다

눈물 나도록 먼동 틀 때까지
삿 가지 비비며 울부짖는 숲

쌔—쌩쌩 쌔—쌩쌩
운명의 춤을 춘다

야생 가지들 실의에 빠져
내 생애 심장이 얼얼하게 차다

나의 마지막 마음 사랑
고백의 흰 눈송이 쌓인다

바람골 나목

겨울 세상이 옷 벗겨버린
벌거숭이 알몸뚱이
인정사정없는 세월 채찍에
가지 꺾여 송진 피 흘린다

찐득대는 끈적거림 아픔
나는 살 수 있다
나는 살 수 있다

신문지 이불 덮고 잠 못 드는
세상 밖 노숙인 잠꼬대
밤 내내 울부짖고 있다

봄바람

산사의 목탁 풍경소리
메아리치는 산울림

보육원의 햇볕 창 햇살
어머니 사랑 보살핌

양어깨 돌덩이 짐 내린
인생 여행길 나그네

세상 살아가는 앞모습
꼬리 흔드는 종달새

봄바람의 생명 춤

차가운 너의 오해 풀려고
가랑잎에 햇빛 싸서
봄바람 우편으로 부쳤다

솔바람 산 넘는 소리야
버들강아지 짖는 소리야
들녘마다 메마른 갈증 소리야

역겨웠던 당신 진달래 꽃망울
수줍게 낯 붉히고
매화 골 노랗게들 모여 웃는
당신과 나 사이 차가운 오해야

줄기는 초록 색깔 잎 솟고
자기 색깔 꽃핀 눈동자야
누리마다 울긋불긋한 율동들
봄바람 생명 춤 노래 부른다

제7부

이곳저곳에 뱉어버린 시

뒤란

사랑 임 여의옵고
수심에 잠겼다
윽박 질린 검은 빛 그리움

낮빛 웃음 가면 쓰고
어둠 속 숨어
고양이 눈총 쏘는 눈동자

나랑 아내와 같이
아내와 나랑 같이
따듯한 이야기 기억 담아
숙성시키는 질항아리 장독대

저녁밥 짓는 햇살
해묵은 간장 한 사발 떠내고
초록 빛깔 별 하나 따 넣고
질항아리 뚜껑 덮었다

속 태운 소금 절인 이야기 배어나
배불러진 질항아리
짭짤하게 우러난 새까만 진한 맛

그냥 그렇거니 해요

세상이 당신을 짜증낸다 해도
그냥 그렇거니 해요

마음 안에 진실 있어도
밖이 속이고 거짓이 속이는 세상

노하지도 슬퍼하지도 말고
그냥 그렇거니 해요

골 아프고 속상하더라도
생활이 탓을 하더라도

여보, 편안히 마음 가져요
그냥 그렇거니 해요

흑백 사랑

한 남자의 사랑을
두 여자가 나누는 세상

한 여자의 사랑
두 남자가 나누는 사랑

내가 사랑하면 당신
행복하리라 생각했는데

한 사랑이 모자라서
또 한 사랑으로 채우는

요즘 남자 사랑 여자 사랑
겉과 속이 희고 검은 사랑

야화(夜話) 2

어스레한 달빛 이불 덮고
임의 침묵한 가슴앓이
무릎 꿇고 손 비비는
풀벌레들의 허기진 사랑

문살 나무 그림자 어른대는
문풍지 샛길 싸움에
잠 못 이루는 야삼경 베갯머리

문고리 숟가락 잠근 사랑
속 비어 채우는 쓰라린 미움
떨어진 낙엽 신발 신고 힐책한다

이불에 남긴 임의 찬 바람 느낌
허전한 어둠에서 햇빛 꿈 찾는다

양파 바가지

양파 요리하기 좋아하는 아내
부엌 조리대에서
밤 늦게 집에 온 탓
꼬투리 잡고 바가지 양파 깐다

꺼풀 베끼고 속 까도—까도
티 없는 살색 우윳빛깔

조각 자르고 또 자르고
어른 씹기 좋게, 아이들 입맛 나게
도마 위 놓고 칼질한다
사각 사그락 사각
달콤 매운 독백 뱉는 향에
눈물 콧물 쏟는 아내의 아린 속

생것으로 먹을까
끓여 맛을 낼까

아내 성질내는 말대로다
나는 남편 진실말대로다

쌉쌀한 즐거움

밤새 여울목이 진통을 겪는다
소양강 수심 울먹이며
사지 물결 거품 울컥 토한다

돌부리 차는 물살 몸서리에
벚나무 불그스레 눈동자 붓고
뽀얗게 뽀얗게 속 끓이는 물안개

햇살 바람 청소기로 안개 쓸어
대룡산 해 오르는 아침
먼지 공기 맑아지는 봄내 뜰

손끝 시리게 캔 쌉쌀한 즐거움
씀바귀 달래 장바구니 담아
뚝배기 된장찌개 끓여 맛 낼까

서부번개시장 초록빛 장터 나가
파는 사람 사는 사람
말소리 웃음 골라—골라 사 볼까

불곰새끼 한 마리

봄 춤을 춘다

시베리아서 백두대간 따라 내려왔다
관솔송진 콧등 달라붙어
그루터기 잡고 비벼대는 나무 법
죽느냐 사느냐 알아보려는 짓
가지 썩어 미끄러졌다 떨어졌다
미래 모르고 하는 짓

아직은 동장군 영역의 땅
사상이 얼음덩이로 얼어 있다
얼음 칼날 날카로운 음지 골짝
미사일 모양 원자폭탄 모양 깔린 폭포
발톱 세우고 갈고 긁다
자유로이 불어오는 봄바람에
입술 손등 피 터져 쓰라리다

흰 거품 물고 포효하는 소리
북쪽에 때 아닌 소낙비 오려나
산골짝 먹구름 그늘이 진다

무창포 바닷길

푸른 멍 껍데기 훑어 벗기는 바다
저승 밀고 오는 밀물 파도 이승으로 온다
철썩—철썩
사람들 독살 체험장에서 하얗게 토하는
소금 절인 돌 무게 짊어진 따개비 조개들
전 생애 걸고 그가 구걸해 온
훔쳐 먹다, 뺏어 먹다, 빌어먹다
저울추 수평 기울기 지갑 바다 속 빠뜨렸다
더는 궁하게 살지 않겠다는 듯이
정해진 물결 시간마다
사람들 불러 하소연하는 오늘
거품 토하면서
물방울 튕기면서
꿈과 현실 경계 벽 허물다
모래주머니 분노 터트린다
저승으로 가는 바닷길 드러내
하얀 비석 돌 따개비 공동묘지
이승에서 만난 영혼 데려가고 있다

기다림

갑자기 생각이 일어났다
뒷걸음을 치다
마음속 풍금 치는 그늘 그림자

님아 나 보이지
님아 나 보이지

고개 들어 허공에 손 흔들고
꿈엔들 잊으리오

비 오는 날
창문 밖 어른거리며 왔다
어스름 밤 들락날락
벽 모퉁이서 술래 놀이하다
구름 엉킨 실타래 던지는 님

눈알 빨간 DMZ 물고기

6 · 25 전쟁에 죽은 전우들이
38선 철조망 핏줄로 엮었다
폭탄 상처 이념 핏물 흐른 지 60년
망 심줄 삭아 콘크리트 뼈대만 남았다

방공호 국방색 흙 자루들
한 터져 쌓인 침묵도 삭아내려
흙속 하얀 민들레꽃 피어났다
민들레
민들레
하얀 깃털 달린 까만 통일이여

북향 산골짝 내려 흐르는 냇물
돌멩이 밑 눈알 빨간 물고기
동굴 파고 동면으로 살고 있다

"나를 버리고 가시는 님은
십 리도 못 가서 발병 난다"
아리랑 메아리치는
고성통일전망대 스피커 소리
빨간 눈동자 물고기 망원경 끼고 본다

일기 속 외로움

욕지거리하고 쌍소리하고
주먹질한다, 동네 아이들
“너는 어울리면 안 돼”
어머니는 손잡아 끌고
집으로 들어왔었다

방문은 닫히고
벽으로 사방 가려
생활은 혼자 눈멀었다

어둑어둑한 그물 씌워놓고
눈 감고 생각해
반성문 느낌 일기 써놓았다

이야기 다리 끊어져
아이들 얼굴 그늘로 가려지고
가슴과 마음 아려
짊어진 십자가에
두 발 못이 박혔었다
엄지발고락 사이 남은 상처 티눈

불꽃나비 여인

외면할 사람 새롭게 보인 여인
관계 흔적 어디인지 남기고 싶다

여러 갈래 인연 줄 보이지만
시심(詩心) 색깔 질긴
심줄 끈으로 밤샘 기워
성(性)잠자리 베갯속 넣고
젖가슴 품어 살고 싶다

불꽃나비 꽃산에 왔다
진달래꽃에 불 질러 놓았다
꽃봉오리 터트리는 용암불꽃
붉은 피 질질 흘리고 있다

일기장 속 글

먹구름 뭉게구름 입맞춤 불꽃
살갗 뜨거운 햇볕 더위
해수욕장 백사장서 발가벗었다

햇살 돈 지갑 잃었다
화난 가을바람 쌀쌀해졌다

뭉게구름 풀린 끝자락 공간
교회 바람 풍금 치며 헤어지자는
'너와 내가' 같은 생각으로
하느님 귀청 가려워 등 긁었다

눈송이로 떨어지는 하얀 살갗 비늘
'메리크리스마스 구세주 이름'으로 아멘
빨간 코 '루돌프 사슴 썰매' 선물 실려와
햇살 돈 지갑 찾았다, 귀 스치는 바람 소문에

나무 밑둥 함지박 고인 물 푸르게 출렁인다
물방울 튄 매화나무 코피방울 쏟고
개나리 입에 따다 물고 병아리 나들이한다
진달래 낯 붉혀 울먹인다

어찌할까 몰라

가을이 간다
가랑잎 밟는 소리

우수수 지껄이는 말들
귀 들리지 않아
하늘 땅 차갑게 흩어지는
대꾸 않는 임의 말

한 잎 남은 눈물 나는 말
동여맬 말뚝이 없다
흙으로 묻을까

들녘에 쏟아 놓고 간다
호박넝쿨 고개 숙인 가을
하얗게 변한 무서리 저린 말

달빛 등

신의 지혜로 오려 만든 초침 지렛대
책장 벽 지구본 돌며
캄캄하게 막아놓은 밤을
한순간 지렛목 받쳐 들썩인다

공간엔 허공 틈 벌어지고
움직거리는 흙덩이 구름 밀려난다

산골 오두막집 언덕 넘는
동녘 오솔길 바라다보이고
울창한 숲나무들 무서운 그늘 속
고요 흐르는 냇가
째려보는 너구리 푸른 눈빛도 보이고

여인숙에서 하룻밤 지낸 나그네
하품 이슬 풀잎에
등산 신발 바지 젖은 모습도 보이고

신의 초침 가리키는 고단한 시간
새벽 움직임 알아볼 수 있다

기다림 틈에 낀 때

몸뚱이를 지렛대 받침목으로 썼다
가라앉은 무게덩어리 들썩이다
들추어놓고 도는 한밤의 찰나에

애써 버둥거리다
말[言語] 맨 허기진 끈 풀린 소식
분침의 둥근 원 바퀴 돌 때마다
궁둥이 치는 초침의 손바닥 소리

꿈 잠옷 발가벗겨 세웠다
틈틈이 낀 캄캄한 어둠
품 안 지닌 바램 손전등 켰다
뒤엉킨 타래 끝을 찾는 한때

중심 가눌 수 없는 몸짓은
그늘진 가로등 밑 꾸벅꾸벅 대다
눈물샘 찔러 속 쓰린 찬물 흘린다

부여 산에는

백제나라 유적 남긴 산골짝 기슭
푸른 빛깔 간직한 천년 세월

기둥줄기 굽었으나 꺾임 없는
소나무들 울울하게 자랐다

진흙 패여 뿌리 드러내고
군데군데 송진 흘러 아문 상처들

눕고 쪼개지고 우뚝 선 바위 속
거북 들어 엎드려 불상 괴였다

부처님 입가는 늘 웃음 담으시고
흉심 씻어내리는 옷깃 치렁치렁

백제 냄새 밴 만생의 삶들을
뜰아래 굽어 보살피고 있다

삼마치리(三馬峙里)

우물물 한 동이 부엌 길어다 놓고
나 얼굴 쳐다보며 웃던
농사일 시달리는 산골 어머니였다

산골짝 하늘을 훑고
지나가는 갈퀴바람 밑에
납작 웅크려 엎드린 초가집이었다

구린 냄새 세간 찌든 냄새
쓴 한약 달이는 골방이었다
한 평 고요 속 낙엽 쓸리는 소리
홀로 애간장 쓸어내는 소리였다

으스스하게 몸살 앓는 어둠
늑대 눈깔이 겨누는 두메나 산골

세 마리 말이 고개를 넘었다
구전이 전하는 마을
국도 5호선 4차선 도로 배꼽 뚫었다

살아서 객지 나갔다
죽어서 고향 들어오는 영혼
영원히 머무는 조상들의 묘가 있다

파랑새의 꿈

밤새도록
산자락 허리 굽힌 그림자 담가 끓이는
호수 물안개 오르는 길
푸른 하늘 공간에 안개구름 뜬다

피라미 한 마리씩 물고
토굴 속 드나드는 파랑새

숨긴 비밀을 얼기설기 엮어
주소도 없는 미지세계 깊숙한 곳
집 한 채 지어놓고
이승 통하는 싸리문 한 짝 달아놓고

소나무 장작 불을 때서 과 모은
사시사철 푸른색 진액
솔거의 그림을 푸르게 그렸다
빙 돌린 토담집 울타리 벽

천장 설치한 망원경으로 밤마다 별을 골라
피라미 비늘처럼 반짝이는 별빛
작게 잘게 찢어 먹이는 파랑새

빛나는 생명을 품속 품고
파란색 꿈을 먹이고 있다

인생길

세상 사람들 살아가는 이야기
임과 밤 지새움에
이슬비는 하늘에서 마중 왔다
푸른 잎마다 은빛방울 달았다

둘 얼굴 합친 이슬방울 찾다
둘 사랑은 겉옷이 젖었다
둘 사랑은 속옷도 젖었다
마음속 사랑이 흠뻑 젖었다

한참을 웃다가 한참을 울다가
풀 우거진 강둑 길 가는 인생길
손잡고 걷다가 말없이 머물다
여울물 소리 강 건너가는 인생길

정도경 리리시즘 시 불온성(不穩性)의 역설미(逆說美)

— 제4시집 『자연에 뱉어버린 시』 평설(評說)

石蘭史 이 수 화
(국제펜클럽 · 한국문인협회 원임부이사장, 한국문학비평가협회 회장)

정도경(정도경 시인의) 시집들 『물닭』, 『이슬방울』 『바람골의 시』에 이은 이번 제4시집 『자연에 뱉어버린 시』(2015. 10. 도서출판 천우 刊)에는 리리시즘시 불온성(不穩性)의 역설미(逆說美)가 내재돼 있다. 리리시즘시 불온성이란 무엇이고, 역설미란 또 무엇인가. 전자는 정도경 시(정도경 시인의 시)가 이 시집에서 거두고 있는 서정적 태도의 시, 즉 서정시로서 거두고 있는 자아(自我)와 세계의 동일성 성취가 그것으로, 여기에 그 시를 자연에 뱉어버린다는 반동적 태도(시 정신)가 바로 후자인 불온성의 역설미(逆說美)를 창출하고 있다 하겠다.

어째서 역설(逆說)의 미학(美學)이라 하는가?

가령, 직핍하게 시인(정도경)의 시로써 자세히 들여다 보자면,

따스한 날에
풀숲에서 옷을 벗습니다

겉옷을 벗고
꽃가지 흔들며
흘깃 주위도 살핍니다

살그미 미소 짓고
볼 빨갛게
속옷마저 홀랑 벗습니다

통통 드러난 젖가슴
소녀 같은
우윳빛 씻은 살결

바람골 샛바람 순간 숨어들어
와락 끌어안다
입맞춤하고 훌쩍 가버립니다

한동안 멍하니 넋 잃은
임 찾는 나
하늘 낮달만 쳐다봅니다

—「바람꽃 2」 전문

예시(例詩)는 정도경 시인의 성애주의(性愛主義) 표상 의도 소산이 아니다. 그 섹슈얼리티 포에틱스를 의도했다면 제5스탠자에 그 적나라한 성애주의를 표상화

했을 터이다. 그런데 그렇지 않은 성애(性愛)의 초기 단계에서 대상을 버리고 떠나감은 이 시의 궁극적 표상 의도인 연인의 배반의 태도를 암시한다. 따라서 화자는 당한 자로서의 허망감에 망연자실치 않을 수 없다. 왜? 자연을 빌고 전라(全裸)가 되어주었음에도 연인은 성애 직전에 그 적나라(赤裸裸)한 모습 때문에 돌연 떠나갔을지도 모른다. 이에 그런 자연(自然) 환경 때문에 당한 자의 반감은 크다. 시조차 뱉어버리고 말아야 하는 불온의식(不穩意識)은 이때부터 정도경 시인의 제7아리아식(무의식), 즉 죄의식이 저항하는 불온의식이 시인 잠재의식화한 것이다. 그리하여 그것이 예시처럼 표상미를 성취하는 정도경 리리시즘시 불온성의 역설미를 창출하기에 이른 것이다. 이 예시 「바람꽃 2」는 이 시 직전에 연작시 '1'로 쓴 「바람꽃 1」을 숙독하면,

깔끔한 옷맵시
유행의 멋진 옷차림
초록 바람 부추기는 배려에
궁둥이 살랑대는 꽃가지

달밤 지새는 춤
입맞춤도 얼얼해
껍질 맨 옷고름 매듭 풀리고

흰 명주 꽃잎 치마 활짝 펴
꽃분 짙은 향기 냄새
님의 사랑인가 •

속내 꽃술 줄기 발기 드러냈다

—「바람꽃 1」 전문

—와 같이 적나라한 성애(性愛) 직전의 화자 심리와 상황의 표상화(제2스탠자 후말행과 제3스탠자 최종행)가 리얼리티를 드러내 뵐 수 있는 것은 시 주체의 불온한 시정신이 얼마나 짙은 질량으로 고양돼 있는가를 잘 반영해주는 것이라 하겠다. 예시 「바람꽃 1」의 자연에 뱉어버린 시로서의 역설이 또한 「바람꽃 2」에 못지않은 리리시즘 미학에 기반을 두고 있다 하겠다. 정도경 시 역설의 미학은 이상의 두 텍스트가 거두고 있는 리리시즘 시 쇠락감(衰落感)이 우리에게 주는 시인의 포에틱스 소산으로서의 가치성이 높은 바, 그것은 시인(정도경)의 삶의 도저한 위의가 인간의 성애(性愛)와 같은 적나라한 모습도 거리낌 없이 우리의 윤리성을 감각화하는 능력(재능)으로 꽃피고 있음을 반영한다. 그렇다면 시인의 이 같은 재능은 어려서부터 발원하는 것일까?

우물물 한 동이 부엌 길어다 놓고
나 얼굴 쳐다보며 웃던
농사일 시달리는 산골 어머니였다

산골짝 하늘을 훑고
지나가는 갈퀴바람 밑에
납작 웅크려 엎드린 초가집이었다

구린 냄새 세간 찌든 냄새

쓴 한약 달이는 골방이었다
한 평 고요 속 낙엽 쓸리는 소리
홀로 애간장 쓸어내는 소리였다

으스스하게 몸살 앓는 어둠
늑대 눈깔이 겨누는 두메나 산골

세 마리 말이 고개를 넘었다
구전이 전하는 마을
국도 5호선 4차선 도로 배꼽 뚫었다

살아서 객지 나갔다
죽어서 고향 들어오는 영혼
영원히 머무는 조상들의 묘가 있다

—「삼마치리(三馬峙里)」 전문

예시의 배경은 '삼마치리'라는 화자의 고향이다. 이 자연은 시적 주체가 시를 뱉어버릴 만큼 척박한 두메산골이지만 조상들의 영혼이 영원히 잠들고 있어 고향이라 하지 않을 수 없는 곳이다. 그래서 수구초심, 화자는 죽어서 내가 묻힐 고향이라 말하지(시에다) 않는 불온성(不穩性)을 내포하고 있다. 그럼에도 이 시가 균형감 있는 구성과 안정감 주는 형식적 표상성을 완성하고 있는 것은 정도경 시인의 세련된 레토릭의 효율성 결과에 다름 아니다. 그러니 이 시가 담지하는 시인의 불온성의 미학 창출 재능은 이와 같은 감상성(感傷性)을 삼제한 시인의 높은 포에지의 균형감 소치일 터이다. 이제 정도경 리리시즘의 다양성의 버라이어티에 주목할 대목이다. 행두 넘버는 평설자 몫이다.

①
세상 사람들 살아가는 이야기
임과 밤 지새움에
이슬비는 하늘에서 마중 왔다
푸른 잎마다 은빛방울 달았다

둘 얼굴 합친 이슬방울 찾다
둘 사랑은 겉옷이 젖었다
둘 사랑은 속옷도 젖었다
마음속 사랑이 흠뻑 젖었다

한참을 웃다가 한참을 울다가
풀 우거진 강둑 길 가는 인생길
손잡고 걷다가 말없이 머물다
여울물 소리 강 건너가는 인생길

—「인생길」 전문

②
세상이 당신을 짜증낸다 해도
그냥 그렇거니 해요

마음 안에 진실 있어도
밖이 속이고 거짓이 속이는 세상

노하지도 슬퍼하지도 말고
그냥 그렇거니 해요

골 아프고 속상하더라도
생활이 탓을 하더라도

여보, 편안히 마음 가져요
그냥 그렇거니 해요

—「그냥 그렇거니 해요」 전문

③
한 남자의 사랑을
두 여자가 나누는 세상

한 여자의 사랑
두 남자가 나누는 사랑

내가 사랑하면 당신
행복하리라 생각했는데

한 사랑이 모자라서
또 한 사랑으로 채우는

요즘 남자 사랑 여자 사랑
겉과 속이 희고 검은 사랑

—「흑백 사랑」 전문

예시군(例詩群) ①은 「인생길」, ②는 「그냥 그렇거니 해요」, ③은 「흑백 사랑」의 각각의 전문(全文)이다. ①의 인생길은 어딘가 정착하지 못한 유랑하는 삶의 도정이다. 그런데 그 배경이 비 오는 자연으로 되어 있다. 시적 주체가 시를 뱉을 만한 자연의 척박함이고 그런 자연이 조성하는 유랑하는 삶의 길은 불온의식만이 동반자이다. 그럼에도 불온의식의 역설미가 느껴지는 것은 이 시의 또 하나의 동반자가 사랑하는 사람이라는 사실이다. 죽지 않고는 헤어질 수 없는 숙명적 동반자와 화자를 마중해주는 빗줄기에 속옷마저 젖었으나 울며 웃으며 걸어야만 하는 유맹의 노래 가사 같은 삶의 길을 굳이 말한다면 막장의 인생길이다. 시적 화자가 반역을 노래할 만큼 불온한 시적 상황을 정도경 시인의 포에지의 지향성은 결코 회피하려 하지 않는다. 여기에 매우 탁월하게 접사되는 정도경의 바리안트(同想異文)가 「바람골 나목」이다.

겨울 세상이 옷 벗겨버린
벌거숭이 알몸뚱이
인정사정없는 세월 채찍에
가지 꺾여 송진 피 흘린다

찐득대는 끈적거림 아픔
나는 살 수 있다
나는 살 수 있다

신문지 이불 덮고 잠 못 드는
세상 밖 노숙인 잠꼬대

밤 내내 울부짖고 있다

—「바람골 나목」 전문

예시 ①과 위 예시 「바람골 나목」의 좌절하는 삶의 모습은 우리의 독후감을 더없이 절망적인 좌절감의 강둑으로 이끌어만 간다. 그러나 정도경 시인은 예시 두 바리안트, 즉 「인생길」과 「바람골 나목」에도 불온한 역설미의 지향 태도를 분명히 적시해 놓고 있다. 「인생길」의 "마음속 사랑이 흠뻑 젖었다"와 「바람골 나목」의 "나는 살 수 있다/ 나는 살 수 있다"(제2스탠자의 2~3행)의 반복하는 절규가 그것이다. 그리고 예시 ②의 역설 아닌 겸허와 긍정의 심안(心眼)은 이제 자연이나 세상에 침을 뱉듯 시(진정성의 自我)를 뱉어버리는 불온의식(不穩意識)이 깨끗이 삼제된 평정과 안온한 심전(心田) 부활 의식이 자리 잡게 된 정도경 시인의 아름다운 자아 회복의 노래가 아닐 수 없는 것이다. 그러므로 예시 ③의 시류적 부당성의 남녀 애정 색깔은 부인할 수 없는 시인의 사회관, 인생관이기도 하다. 정도경 리리시즘 포에지에는 여전히 시인 밖의 세계에 대한 불온성의 역설미로 꿈틀거리고 있을 터이다.

이제 연결성의 자아와 동일성을 성취하고자 하는 리리시즘 시를 그 길항적 대상 세계인 자연에다 침을 뱉듯 뱉어버림으로써 그 역설의 미학을 성취하기에 이른 정도경 리리시즘 시 그 진정성의 서정시 세계 귀환상을 살피는 것으로 이 척박한 평설글의 피날레에 들어서고자 한다.

6 · 25 전쟁에 죽은 전우들이
38선 철조망 핏줄로 엮었다
폭탄 상처 이념 핏물 흐른 지 60년
망 심줄 삭아 콘크리트 뼈대만 남았다

방공호 국방색 흙 자루들
한 터져 쌓인 침묵도 삭아내려
흙속 하얀 민들레꽃 피어났다
민들레
민들레
하얀 깃털 달린 까만 통일이여

북향 산골짝 내려 흐르는 냇물
돌멩이 밑 눈알 빨간 물고기
동굴 파고 동면으로 살고 있다

"나를 버리고 가시는 님은
십 리도 못 가서 발병 난다"
아리랑 메아리치는
고성통일전망대 스피커 소리
빨간 눈동자 물고기 망원경 끼고 본다

—「눈알 빨간 DMZ 물고기」 전문

정도경은 이 예시에서 더욱 짙은 리리시즘 시 미학을 성취한다. 분단 비극의 조국 산하에 낙인처럼 박힌 비통한 DMZ 상황에 차마 시를 뱉어내는 불온한 역설의 미학이 아닌 정직한 언어와 리리시즘으로 비장한 시학에 이르고 있다. 특히 제2스탠자의 표현의 아름다운 미학은 서정시가 거둘 수 있는 사실적 리얼리티를 아름다운 이미저리군(群)의 레토릭 솜씨로 유감없이 성취한 사례일 터이다. 이와 같이 역설의 미학 성취를 끝내고 정도경 리리시즘 시의 오소독스는 그 포에지와 형식과 표상 이미지의 삼박자를 거뜬히 성취한 솜씨 결과 다음과 같은 인간 소통의 갈등 구조를 극복한 부부애를 포함하는 인간관계의 화평한 세계를 노래하기에 이르렀음을 본다.

차가운 너의 오해 풀려고
가랑잎에 햇빛 싸서
봄바람 우편으로 부쳤다

솔바람 산 넘는 소리야
버들강아지 짖는 소리야
들녘마다 메마른 갈증 소리야

역겨웠던 당신 진달래 꽃망울
수줍게 낯 붉히고
매화 골 노랗게들 모여 웃는
당신과 나 사이 차가운 오해야

줄기는 초록 색깔 잎 솟고
자기 색깔 꽃핀 눈동자야
누리마다 울긋불긋한 율동들
봄바람 생명 춤 노래 부른다

—「봄바람의 생명 춤」 전문

이 화평함, 이 화해와 조화의 삶에 어디라고 시를 뱉은 자연(自然), 길항적 오해의 어둡고 긴 부부애, 인간애가 끼어들 수 있겠는가. 참으로 다사로운 대상과 대상의 진정한 관계 맺음이 성취된 정도경 포에틱스의 진면목이 아닐 수 없는 서정시의 표본형이라 하겠다.

이제 이 아름다운 포에지의 시인이 우리에게 남겨주는 기념비적 눈물겨운 해탈의 향복이 약여한 서정시인 정도경의 법열의 노래를 읽는 것으로써 정도경 시인의 아름답고 고운 시의 세계가 더욱더 빛나는 뮤즈 신 영접의 카펫 깔린 길이 열리기를 빌면서 평필을 놓고자 한다.

산사의 목탁 풍경소리
메아리치는 산울림

보육원의 햇볕 창 햇살
어머니 사랑 보살핌

양어깨 돌덩이 짐 내린
인생 여행길 나그네

세상 살아가는 앞모습
꼬리 흔드는 종달새

—「봄바람」 전문

시 첫 연의 거룩함의 불성이 메아리치는 자연(自然)이야말로 우리의 자애로운 어머님이 보살피시는 인생 보육원이다. 꼬리 흔드는 종달새의 어여쁜 춤인들 우리 세상살이 양어깨 짓누르는 어려움인들 무겁다 하리.

이쯤에 이르면 정도경 서정시는 우리 삶을 거뜬히 열어가는 축복이요, 아름다운 영혼 곁의 주악(奏樂)이며, 영원히 함께 걸을 거룩한 율려(律呂)의 노래다.

문학세계대표작가선 753

자연에 뱉어버린 시

정도경 제4시집

인쇄 1판 1쇄 2015년 10월 2일
발행 1판 1쇄 2015년 10월 10일

지 은 이 : 정도경
펴 낸 이 : 김천우
펴 낸 곳 : 도서출판 천우
등 록 : 1992. 2. 15. 제1-1307호
주 소 : 서울시 성동구 무학봉28길 6 금용빌딩 2F
전 화 : 02)2298-7661
팩 스 : 02)2298-7665
http://www.moonhaknet.com
E-mail : chunwo@hanmail.net

값 8,000원

ISBN 978-89-7954-608-8

이 도서의 국립중앙도서관 출판예정도서목록(CIP)은 서지정보유통지원시스템 홈페이지(http://seoji.nl.go.kr)와 국가자료공동목록시스템(http://www.nl.go.kr/kolisnet)에서 이용하실 수 있습니다. (CIP제어번호: CIP2015026323)